まちごとインド

South India 008 Madurai

マドゥライ

神々の饗宴する「ドラヴィダの聖地」

மதுரை

Asia City Guide Production

【白地図】南インド

INDIA
南インド

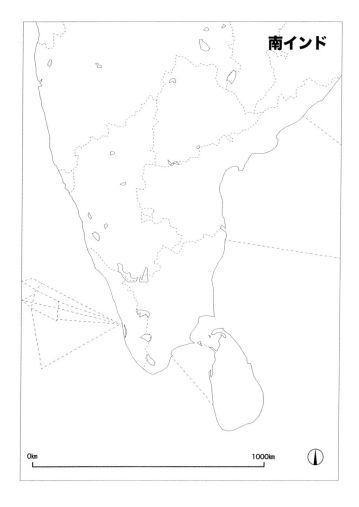

【白地図】タミルナードゥ州

INDIA
南インド

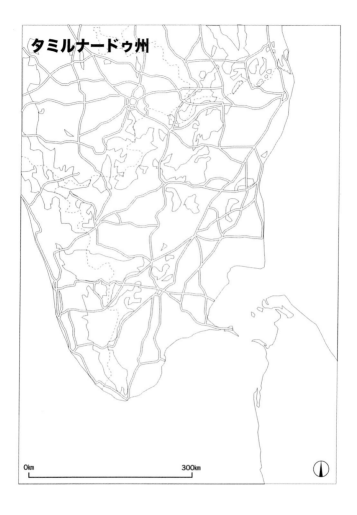

【白地図】マドゥライ

INDIA
南インド

マドゥライ

Madurai 白地図

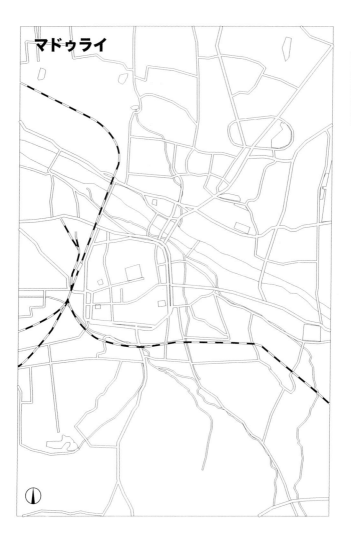

【白地図】マドゥライ駅

INDIA
南インド

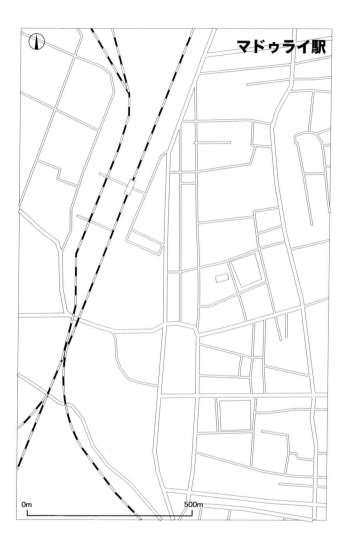

【白地図】ミーナークシ寺院

INDIA
南インド

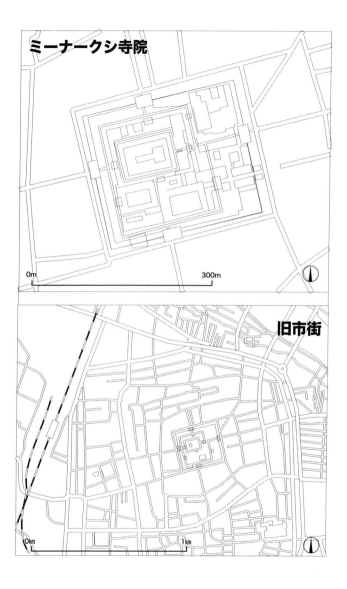

【白地図】旧市街

INDIA
南インド

旧市街

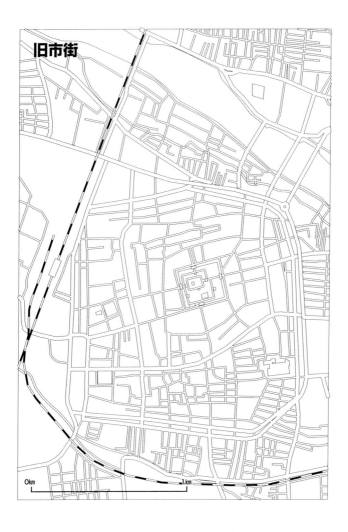

Madurai 白地図

【白地図】ティルマライナーヤカ宮殿

INDIA
南インド

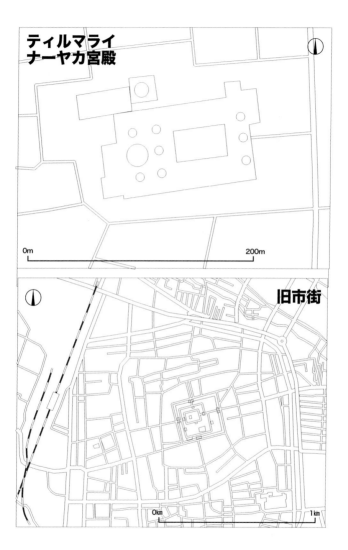

【白地図】新市街

INDIA
南インド

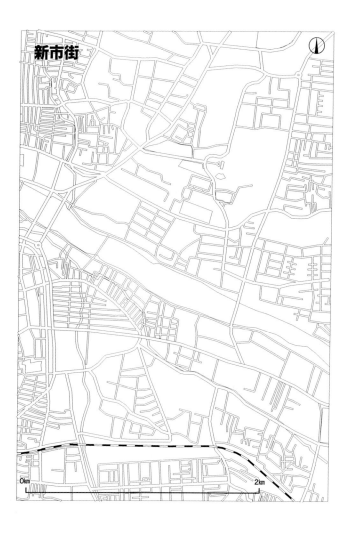

新市街

Madurai 白地図

【白地図】マドゥライ郊外

INDIA
南インド

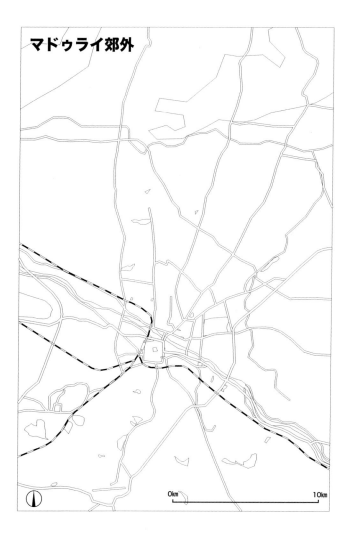

INDIA
南インド

【まちごとインド】
南インド 001 はじめてのタミルナードゥ
南インド 002 チェンナイ
南インド 003 カーンチプラム
南インド 004 マハーバリプラム
南インド 005 タンジャヴール
南インド 006 クンバコナムとカーヴェリー・デルタ
南インド 007 ティルチラパッリ
南インド 008 マドゥライ
南インド 009 ラーメシュワラム
南インド 010 カニャークマリ

タミルナードゥ州南部に位置し、南インドを代表する寺院都市として知られるマドゥライ。2500年ものあいだ持続するインド有数の伝統をもつ街で、1～3世紀、マドゥライの宮廷に集まった文人たちがサンガム文学を残している。

この街の中心には女神ミーナークシとその夫のシヴァ神をまつったミーナークシ寺院が立ち、マドゥライ土着の女神とシヴァ神が結婚することで大きな信仰体系がかたちづくられた。街は寺院を中心に四重の街路に囲まれた曼荼羅構造をしていて、市街のどこからでもそびえる4本の門塔ゴープラを

Madurai மதுரை
マドゥライ

見ることができる。

　こうしたマドゥライは南インドのドラヴィダ文化を色濃く残し、州都チェンナイにつぐ都市規模をほこる。北緯10度という赤道近くの気候のなか、連日、南インド各地からミーナークシ寺院を目指して巡礼者が訪れている。

【まちごとインド】
南インド 008 マドゥライ

目次

マドゥライ …………………………………………………… xx

南インド最大の聖地 ………………………………………… xxviii

ミーナークシ寺院鑑賞案内 ………………………………… xxxix

旧市街城市案内 ……………………………………………… liv

ドラヴィダの首府へ ………………………………………… lxxiv

新市街城市案内 ……………………………………………… lxxx

郊外城市案内 ………………………………………………… xc

城市のうつりかわり ………………………………………… xcviii

【MEMO】

【地図】南インド

INDIA
南インド

【地図】タミルナードゥ州

南インド最大の聖地

INDIA
南インド

ヴァイハイ川のほとりに開けたマドゥライ
北インドのバラナシ、マトゥラーともくらべられる
南インド最大のヒンドゥー聖地

ミーナークシ女神が守護する街

マドゥライの中心には、「女神の寺（アンマン・コーイル）」の別名をもつミーナークシ寺院が鎮座する。街はこの寺院を頭に「蛇がとぐろを巻く」ように発展し、入れ子状に四重の方形街路が展開する。ヒンドゥー教成立以前からドラヴィダ人に信仰されていたミーナークシ女神の伝統は2000年以上続くと言われ、現在はシヴァ神の配偶神と見られている（北インドのシヴァ信仰と女神信仰が合一化された）。古代パーンディヤ朝、現在の街区がかたちづくられた17世紀のナーヤカ朝時代にはミーナークシ女神の権威をもってマドゥライ

Madurai 南インド最大の聖地

▲左　孔雀に乗ったムルガン神、ドラヴィダの古い神さま。　▲右　列柱が続くミーナークシ寺院の空間

は統治されていた。

持続するヒンドゥーの伝統

断続的にではあるが、マドゥライは紀元前6世紀から14世紀まで1000年以上、パーンディヤ朝の都として栄えていた（4〜5世紀に北インドからの勢力、9〜13世紀にチョーラ朝の支配下に入り、14世紀、イスラム軍によって滅んだ）。中世、南インド東海岸はマーバル地方と呼ばれ、13世紀、物資の豊かなこの地方を訪れたマルコ・ポーロは「インドでも最良の土地」と記録している。とくに中世以来、イスラムの統治

INDIA
南インド

が長く続いた北インドと違って、マドゥライでヒンドゥー文化が保護され、独自の発展をとげたことが特筆される。

マドゥライという地名

マドゥライという地名にはいくつかの由来が伝えられる。古代パーンディヤ朝が北インドからクリシュナ信仰を受け入れ、その聖地マトゥラーをタミル語で呼んだというもの(パーンディヤ朝とは『マハーバーラタ』に登場するパーンドゥ族にちなむという)。シヴァ神が頭髪から甘露を一滴垂らした「マドゥライ(蜜のように甘美な都)」に由来するというもの。

▲左　マドゥライに君臨した王のティルマライ・ナーヤカ宮殿。　▲右　ミーナークシ寺院には4つの門が配されている

またマルドゥの木が立っていたことから、「マルドゥの木のある岸辺（トウライ）」と名づけられたとも言われる。マドゥライのほかムトラ、マドゥラとも呼ばれてきた。

街の構成

ヒンドゥー教の宇宙観をもとにつくられたマドゥライ旧市街の街区は、16〜17世紀のナーヤカ朝時代に整備された（古代パーンディヤ朝の時代も同様のものだったと言われるが、イスラム勢力の侵入で破壊された）。ナーヤカ朝時代、寺院を中心に複数の城壁がめぐらされていたが、イギリス統治時

INDIA
南インド

代の1840年に交通の利便性をあげるため城壁はとり除かれた。同時にヴァイハイ川北側に新市街の開発が進み、街は拡大した。またマドゥライ郊外にはドラヴィダのムルガン神をまつった丘（聖地）が点在し、それらが曼荼羅のように街をとり囲んでいる。

【MEMO】

Madurai | 南インド最大の聖地

【地図】マドゥライ

【地図】マドゥライの［★★★］
- [ ] ミーナークシ・スンダレーシュワラ寺院
  Meenakshi Sundareswarar Temple

【地図】マドゥライの［★★☆］
- [ ] ティルマライ・ナーヤカ宮殿 Thirumalai Nayak Palace
- [ ] マーリアンマン・テッパクラム
  Mariamman Teppakulam
- [ ] ガンジー記念博物館 Gandhi Memorial Museum

【地図】マドゥライの［★☆☆］
- [ ] マーリアンマン寺院 Mariamman Temple
- [ ] ヴァイハイ川 Vaigai River

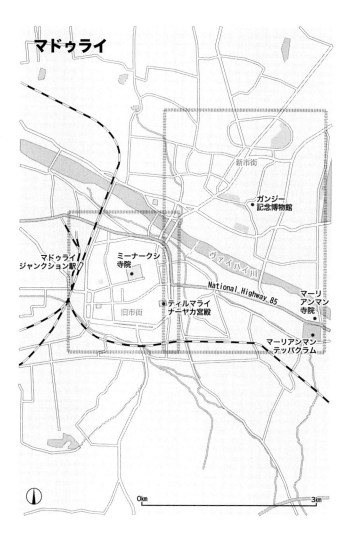

【地図】マドゥライ駅

【地図】マドゥライ駅の [★☆☆]
- [ ] クーダルアラガー寺院 Koodal Azhagar Temple
- [ ] カジマール・モスク Kazimar Mosque

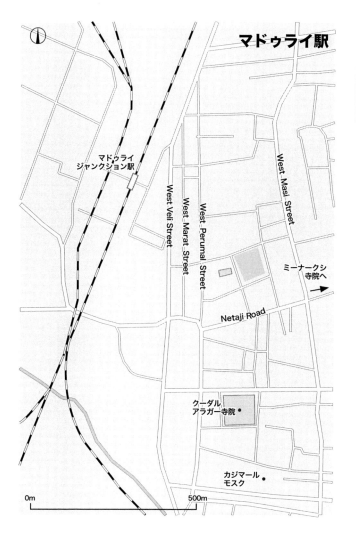

Guide,
Meenakshi Temple
ミーナークシ寺院
城市案内

ミーナークシ女神とその夫のシヴァ神
マドゥライそのものと言えるミーナークシ寺院には
息つく暇もなく、多くの巡礼者が訪れる

ミーナークシ・スンダレーシュワラ寺院
Meenakshi Sundareswarar Temple ［★★★］

「魚の目をもつ女神」を意味するミーナークシ女神とその夫であるシヴァ神をまつったミーナークシ寺院（ふたつの神殿をもつ）。この地には、ドラヴィダ人の古い信仰を集める女神がまつられていたが、8世紀、パーンディヤ朝のクラシェーカラ王によって寺院が建立され、14〜17世紀に現在の姿となった。宝石や祠堂、ゴープラが次々と寄進されて拡大し、とくに17世紀のティルマライ・ナーヤカはこの寺院を中心とした都市の整備を進めた。門塔ゴープラ(山)や沐浴池(湖)、

INDIA
南インド

連続する列柱（森）には無数の神像が彫られ、ヒンドゥー教の宇宙観が示されている。とくに毎月行なわれる祭りでは、ミーナークシ女神とシヴァ神像が街を巡行し、寺院と都市が一体となった熱気に包まれる。

ゴープラ Gopuram ［★★★］

門塔ゴープラはミーナークシ寺院の四方に配され、弓なりに沿って天高くそびえる様子はマドゥライの象徴とも言える。その高さは60mにもなり、極彩色で彩られたおびただしい数の神像、聖者象、動物像がほどこされている。こうしたゴー

▲左　街のなかに寺院があり、寺院のなかに街がある。　▲右　天に向かってそびえるゴープラ、その高さは60mにもなる

プラは14世紀以降のヴィジャヤナガル朝以降の様式で、寺院建築全体の調和よりも部分や細部に注力が払われるようになった。神々の棲む聖域と外界を結ぶ性格をもち、東のゴープラが入口となっている（ミーナークシ寺院には12のゴープラがあり、最大の南ゴープラは1599年に寄進された。これらは15〜20年ごとに彩色される）。

周壁 Prakara ［★☆☆］

ミーナークシ寺院をとり囲む東西260m、南北220mの周壁。南インドの寺院建築では、本殿を囲む周壁が発達し、やがて

INDIA
南インド

▲左　数珠や神様の像などがならぶ門前町。　▲右　寺院をとり囲む周壁、周壁を外へ連続させるのが南インドのヒンドゥー寺院

周壁が次々にめぐらされて街区を飲み込むようになった。マドゥライのほか、シュリーランガムやチダンバラムも同様の構造をもつ。

門前町 Veeravasantharayar Mandapam [★☆☆]

東側の門塔ゴープラから寺院内に入ると、神々に捧げる花や数珠、雑貨を扱う商店がならぶ。ヒンドゥー寺院は朝日の入る東側を正面とし、ミーナークシ寺院には女神とシヴァ神それぞれの本殿に通じるゴープラが備えられている。また寺院内は時計まわりで巡礼を行なう。

【MEMO】

Madurai | ミーナークシ寺院鑑賞案内

【地図】ミーナークシ寺院

【地図】ミーナークシ寺院の [★★★]
- [ ] ミーナークシ・スンダレーシュワラ寺院 Meenakshi Sundareswarar Temple
- [ ] ゴープラ Gopuram

【地図】ミーナークシ寺院の [★★☆]
- [ ] ポッターマライ・クラム Potramarai Kulam
- [ ] ミーナークシ神殿 Sanctum Sanctorum of Meenakshi
- [ ] スンダレーシュワラ神殿 Sanctum Sanctorum of Sundareswarar
- [ ] 千柱殿 1000 Pillar Mandapam

【地図】ミーナークシ寺院の [★☆☆]
- [ ] 周壁 Prakara
- [ ] 門前町 Veeravasantharayar Mandapam

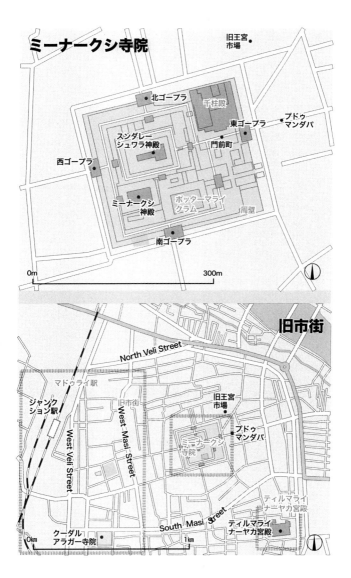

南インド

ポッターマライ・クラム Potramarai Kulam ［★★☆］

ミーナークシ神殿の前面に残る沐浴場ポッターマライ・クラム（「黄金の蓮池」）。マドゥライが建設される以前、ある商人が金色に輝くこの池を発見し、パーンディヤ王は池のそばに街を築くことに決めたという。周囲の回廊には彫刻のほどこされた列柱が続き、壁面にはシヴァ神がマドゥライで起こした奇跡が描かれている。巡礼者はポッターマライ・クラムで沐浴してからミーナークシ神殿へと向かう。

▲左　巡礼に訪れた人びと、南インド各地から集まる。　▲右　人びとが列をなす、ミーナークシ神殿近く

ミーナークシ神殿 Sanctum Sanctorum of Meenakshi[★★☆]

「魚の眼のような美しい目をもつ女神」ミーナークシ女神はマドゥライの村の守護神を出自とし、古くからこの地方に暮らすドラヴィダ族の信仰対象となってきた。北インドからヒンドゥー教が伝播すると、シヴァ神の配偶神パールヴァティー女神と同一視されるようになったが、その独立性や地位は依然、高い。神殿の北東隅には女神の寝室が配され、シヴァ神が通ってくるという儀式があり、南インド独特の信仰体系を残している（夜、男が女を尋ねる妻問婚は、古代タミルのサンガム文学でも見られる）。

INDIA
南インド

ミーナークシとシヴァの結婚

王女ミナークシは第3の乳房をもって生まれ、夫となる人物が現れたとき、「3番目の乳房はなくなる」と予言されていた。王女がカイラス山でシヴァ神に出逢うと、予言通り乳房がなくなり、ふたりはマドゥライで結婚した。史実では、ヒンドゥー教の黄金時代を築いたグプタ朝（4〜6世紀）が滅亡し、各地方に逃れたバラモンたちは土着の女神と遭遇した。バラモンはそれをシヴァ神の配偶神であると解釈し、正統なヒンドゥー教と地方の宗教が合一されていった（ヴィシュヌ神の場合は化身と考えられた）。かつてのミナークシの夫は

▲左　この地にヒンドゥー教が伝わる以前の信仰携帯を残す。　▲右　千柱殿の彫刻

兄とされ、市街北東20kmにまつられている。

スンダレーシュワラ神殿
Sanctum Sanctorum of Sundareswarar ［★★☆］

ミーナークシ寺院の中央に位置し、シヴァ・リンガが安置されたスンダレーシュワラ神殿（ミーナークシ女神の夫でともに主神となっている）。街ができる以前、このあたりには森が広がっていて、インドラがこのリンガに向かって礼拝していたという。そしてリンガとそのそばの「黄金の蓮池」の話を聞いたパーンディヤ王がマドゥライの街を建設したと伝

えられる。この神殿の前方にはシヴァ神の乗りもの聖牛ナンディーが鎮座している。

千柱殿 1000 Pillar Mandapam [★★☆]

ミーナークシ寺院の北東部に残る千柱殿。985本の柱が立つこの祠堂は、ヴィジャヤナガル朝時代に建てられ、柱にはびっしりと彫刻がほどこされている。現在は彫像や調度品が展示された博物館として開館している。

【MEMO】

INDIA
南インド

寺院を中心とする祭礼

マドゥライでは「スンダレーシュワラの戴冠式」「ミーナークシの戴冠式」「ティルマライ・ナーヤカの誕生を祝う祭り」など毎月のように祭りが開催される。とくにタミル暦チッタレイ月（4〜5月）のミーナークシ女神とシヴァ神の結婚はマドゥライ最大の祭りで、山車が街を巡行し、神々と人々、街が一体感に包まれる。こうしたマドゥライの祭りは、17世紀のティルマライ・ナーヤカの時代に整備され、シヴァ派、ヴィシュヌ派、イスラム教徒も参加できるよう、政治的な思惑もあったという。

Guide, Old Madurai
旧市街城市案内

INDIA
南インド

ナーヤカ朝時代、旧市街には城壁がめぐらされていた
1.5km四方のヴェリ通りは当時の城壁跡で
旧市街は古い時代の街区を今でも残している

バザール Bazar [★★☆]

ミーナークシ寺院の周囲には何本ものバザールが走り、商店が軒を連ねている。カーストごとに街区がわけられ、寺院の東側には食料や雑貨、南側には貴金属店などがならぶ。これらの商店は道路に面した1階が店舗で、その奥が住居となっていて、旧市街では建物の高さ制限もある。

プドゥ・マンダパ Pudhu Mandapam [★☆☆]

ミーナークシ寺院の正門（東門）前に立つプドゥ・マンダパ。17世紀、ティルマライ・ナーヤカによって建設され、祭祀

▲左　1年を通して暑さが続くのがマドゥライ。　▲右　南インド料理で使う香辛料

や儀礼などで使用されていたが、現在は市場となっている。このマンダパの東側には巨大な未完の門塔ゴープラがあり、完成していれば高さ80mを超していたという（寺域の拡大が計画され、同様のゴープラが72体立つ予定だった）。

旧王宮市場 Old Palace Market［★☆☆］

17世紀末、ナーヤカ朝のラニマンガマル女王によって建設された王宮跡を利用した市場。ティルマライ・ナーヤカ宮殿に対して、こちらの王宮は旧市街北東のこぢんまりとしたものだった（古代インドの実利論『アルタシャーストラ』では

INDIA
南インド

▲左　うず高く積まれたバナナ、南インドで愛される食べもの。　▲右　マドゥライは絹織物の街としても知られる

王宮のあるべき位置は北東なのだという）。19世紀のイギリス統治時代に市場として利用されるようになった。

バザールを彩るバナナ

栄養価が高く、種もなく皮をむいてすぐに食べられるバナナ（バショウ科の多年草）。主食にもなる世界でもっとも親しまれている食物で、サンスクリット語で「徳の高い食べもの（カルパタル）」と呼ばれる。南インドでは甘みや酸味の異なるバナナが数百種類以上もあり、煮る、焼く、炒めるなどさまざまな調理法で食される。バナナの葉が皿代わりに使われる

【MEMO】

【地図】旧市街

【地図】旧市街の [★★★]
- [ ] ミーナークシ・スンダレーシュワラ寺院 Meenakshi Sundareswarar Temple

【地図】旧市街の [★★☆]
- [ ] バザール Bazar
- [ ] ティルマライ・ナーヤカ宮殿 Thirumalai Nayak Palace

【地図】旧市街の [★☆☆]
- [ ] プドゥ・マンダパ Pudhu Mandapam
- [ ] 旧王宮市場 Old Palace Market
- [ ] 聖メアリー・カテドラル St. Mary's Cathedral
- [ ] クーダルアラガー寺院 Koodal Azhagar Temple
- [ ] カジマール・モスク Kazimar Mosque
- [ ] ヴァイハイ川 Vaigai River

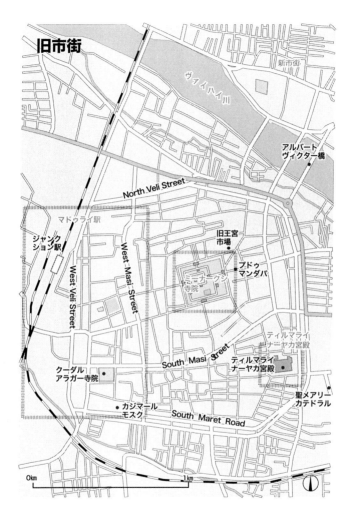

▲左　フルーツ売りとリキシャ・ワーラー。　▲右　ヴィジャヤナガル朝の建築が伝わった、ティルマライ・ナーヤカ宮殿

ほか、豆や野菜と一緒に炒めた料理も見られる。

ティルマライ・ナーヤカ宮殿
Thirumalai Nayak Palace［★★☆］

マドゥライが最高の繁栄を見せていた1636年に建てられたティルマライ・ナーヤカ宮殿。1529年、ヴィジャヤナガル朝の地方長官が独立してマドゥライ・ナーヤカ朝が樹立され、タミル南部に版図を築いた。この王朝の最盛期に君臨したのがティルマライ・ナーヤカ（1623〜1659年）で、ティルチラパッリからマドゥライに遷都され、マドゥライに宮殿が建

【MEMO】

【地図】ティルマライナーヤカ宮殿の [★★☆]

- [ ] ティルマライ・ナーヤカ宮殿 Thirumalai Nayak Palace

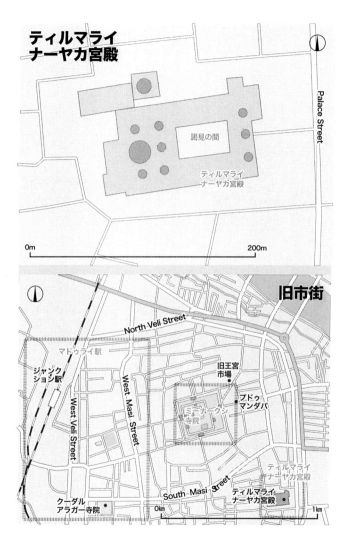

INDIA
南インド

設された(またミーナークシ寺院を中心とする街区が拡大された)。巨大な列柱が連続する謁見の間や王冠の間が残り、ナーヤカ朝時代の繁栄を彷彿とさせる。

ナーヤカ朝の建築様式

ナーヤカ朝の意義は16〜18世紀、北インドがイスラム王朝の支配を受ける時代にあって、南インドでヒンドゥー文化の守護者となったこと(タミル地方ではタンジャヴール・ナーヤカ、シェンジ・ナーヤカが有力だった)。一方で、イスラム宮廷文化の影響を受けて、宮廷建築ではドームやアーチで

▲左　ドームをもつ屋根はイスラム建築の影響を受けている。　▲右　ナーヤカの玉座、絶大な権力を誇った

彩られるインド・サラセン様式が発達した（こうした傾向は、デカンでイスラム諸王朝と対立したナーヤカ朝以前のヴィジャヤナガル朝でも見られた）。19世紀のイギリス統治時代、大規模な修復がされ、マドラス知事ネイピアの命で入口の楼門がつけ加えられた。

ナーヤカ宮殿の位置

古代パーンディヤ朝の時代には、マドゥライの王宮は街の中心にあり、王宮が寺院を兼ねていたという。一方、ティルマライ・ナーヤカ宮殿は旧市街南東隅にあり、ミーナークシ女

INDIA
南インド

神による宗教理念を優先させ、それをもとにマドゥライを統治しようとした(デカンを出自とする外来の王朝であったためだとも言われる)。ヴァイハイ川が街の北側を流れることから、南東隅の地形が利用され、宮殿の敷地跡に沿うように街路が曲がっている。18世紀なかばのイスラム勢力の侵入で破壊をこうむり、19世紀のイギリス統治時代に宮殿は5分の1に縮小された。敷地跡にはイギリス人の居住区がおかれていたが、その後、織工カーストであるサウラシュトラの居住区となった。

▲左　バナナの葉を皿代わりに使う。　▲右　高さ42mになる聖メアリー・カテドラル

聖メアリー・カテドラル St. Mary's Cathedral [★☆☆]

旧市街の南東に位置する聖メアリー・カテドラルは、マドゥライ最大のキリスト教会。マドゥライではナーヤカの許可を得たイエズス会が16世紀末から進出し、南インドでのキリスト教の布教拠点がおかれてきた（ヒンドゥー教の宇宙観から構成されているマドゥライでは、キリスト教会が旧市街のはずれにある）。聖メアリー・カテドラルは20世紀になってから建てられたローマ・カトリック教会で、高さ42mの鐘楼がそびえる西欧建築のたたずまいを見せる。

INDIA
南インド

マドゥライへの布教

大航海時代のポルトガルはゴアを拠点としてインドでの交易とキリスト教布教を進め、16世紀末、マドゥライにイエズス会の拠点がおかれた（ティルチラパッリ、タンジャヴールからコモリン岬までを管轄した）。イエズス会のベスキは自らを「西のバラモン僧」と呼んで、タミル人の文化や社会構造を尊重しながら布教にあたり、1656年、マドゥライ・ミッションには4万人ものキリスト教信者がいたという。おもに身分が低い人たちがキリスト教に改宗した。

▲左　市街東部に位置するマーリアンマン・テッパクラム。　▲右　経済成長を続けるインド、どんどん新しい店ができる

クーダルアラガー寺院 Koodal Azhagar Temple ［★☆☆］

旧市街の南西部に位置するクーダルアラガー寺院。ドラヴィダ様式の門塔ゴープラと周壁をもつヒンドゥー寺院で、ヴィシュヌ神がまつられている（ミーナークシ寺院がシヴァ派の寺院であるのに対して、こちらはヴィシュヌ派の寺院）。

カジマール・モスク Kazimar Mosque ［★☆☆］

マドゥライ駅近くの旧市街西部に残るカジマール・モスク。マドゥライ最大のモスクで、この街がムガル帝国の統治を受けた18世紀に建設された。この時代、旧市街外縁部とヴァ

INDIA
南インド

イハイ川の北側にイスラム教徒の居住区が形成された。

マーリアンマン・テッパクラム Mariamman Teppakulam[★★☆]

ミーナークシ寺院から東に3km離れたマーリアンマン・テッパクラム。1646年、ナーヤカ朝のティルマライ・ナーヤカによって開削された貯水池で、300m四方の池の中央の島には寺院が立つ。ティルマライ・ナーヤカの誕生を祝うタイ月(1〜2月)のテッパ祭りでは、ミーナークシ寺院から女神とシヴァ神像がここまで巡行する(神像が旧市街を出る唯一の祭りで、近くのマリアマン寺院がミーナークシ寺院に関連づけ

【MEMO】

られた)。マドゥライ近郊にはいくつもの貯水池があり、雨季に集めた水を乾季に使うということが行なわれてきた。

マーリアンマン寺院 Mariamman Temple ［★☆☆］
沐浴池テッパクラムの北側に立つマーリアンマン寺院。マーリアンマン女神はタミルナードゥ地方の農村で信仰され、天然痘や疫病をもたらし、またそれらから人々を守るという(雨を降らせ、子どもを授けるとも信じられる)。17世紀、ティルマライ・ナーヤカは民間信仰を集めるこの寺院の南側にヴァイハイ川の水をひいて沐浴池を整備した。

ドラヴィダの首府へ

INDIA 南インド

言語、文化、宗教などが大きく異なる北インドと南インド
タミル人は南インドに暮らすドラヴィダ人のなかでも旗手的存在
古都マドゥライはドラヴィダ文化を今に伝える

南インドと北インド

ドラヴィダ人は北インドにバラモン文化をもたらしたアーリア人の侵入以前(紀元前1500年ごろ)からインドに暮らしていた人々で、インダス文明の担い手だと考えられる。4〜6世紀以降、北インドからヒンドゥー教が伝播する以前には集落ごとの守護女神が信仰され、ミーナークシ女神はマドゥライの女神だった。火や水、雷といった抽象的なものを神と考えられた北インドに対して、南インドでは特定の巡礼地と神が関連づけられる独特の信仰があった。土地の悪魔や森の暗黒と戦うムルガン神はドラヴィダの古い神様で、やがて

マドゥライの都市空間

『インドの伝統的都市における都市構造の形成と居住空間の変容に関する研究』
(栁沢究/京都大学学術情報リポジトリ)掲載図をもとに作成

シヴァ神とパールヴァティー女神の子どもだと見られるようになった(マドゥライ近郊には古いムルガンの聖地が点在する)。

サンガム文学に描かれたマドゥライ

1〜3世紀のマドゥライには、パーンディヤ王によって保護された、文人の集まる宮廷学術院があった。文人たちは王や

INDIA
南インド

神々をたたえ、戦争や恋愛にまつわる詩を古いタミル語で詠み、タミル文化のルーツにもなっている。古くはシヴァ神やアガスティア仙も参加していたと言われ、パーンディヤ朝(マドゥライ)、チョーラ朝(ティルチラパッリ)、チェーラ朝(ケーララ)の争いなども描かれている。こうしたサンガム文学はイギリス統治時代の19世紀末に「発見」され、インドの地方文学が10世紀以降に発達したのに対して、タミル語文学は古代より続く伝統をもつ。

Madurai ドラヴィダの首府へ

▲左　旧市街のどこからでも視界に入るほど、ゴープラは巨大。　▲右　ヒンドゥーの神さま、とても愛嬌があるのも特徴

真珠の王国

古代パーンディヤ朝はローマと交易を行ない、都マドゥライにはローマ人居留地があったと伝えられる。ローマ人が求めたのがスリランカとインド南東端をわけるマンナール湾で産出される真珠で、パーンディヤ朝は真珠の王国として知られていた（『マハーバーラタ』や『ラーマヤナ』では海から神々への贈りものとして真珠が描かれている）。4〜5月、漁夫たちが海へもぐって真珠貝をとり、この地の真珠は外見の美しさや品質からペルシャ湾のものとならび称されていた。

INDIA
南インド

▲左　力強い騎馬の彫刻、ミーナークシ寺院にて。　▲右　「ドラヴィダの神さま」ムルガン神の聖地アラガル・コーイル

ヒンドゥー宇宙を体現

現在のマドゥライの街は、16〜17世紀のナーヤカ朝時代に整備された（古くからの街は、14世紀のイスラム教徒の侵入で破壊された）。中心の寺院を四重に方形街路がとり囲むという都市形態はイスラム勢力の支配が限定的だった南インドで発達し、ヒンドゥー教の宇宙観が示されている。旧市街にヒンドゥー寺院や祠堂が集中し、外縁部にイスラム教のモスクやキリスト教会が配されているのもそのためで、アーディ通り、シッティライ通り、アーヴァニ通り、マーシ通りといった街路名は、タミル暦の月名に由来する。

Guide,
New Madurai

新市街
城市案内

INDIA
南インド

ヴァイハイ川をはさんで旧市街の対岸に広がる新市街
19世紀のイギリス統治時代に開発が進み
ガンジー記念博物館などが位置する

ヴァイハイ川 Vaigai River ［★☆☆］

マドゥライはヴァイハイ川のほとりに開け、この川の流れが旧市街と新市街をわけている。西ガーツ山脈からベンガル湾へと流れるが、河床は干あがっていることが多く、地下を流れる地下河川となっている。ミーナークシ女神とシヴァ神との結婚にあたって、「ヴァイハイ川の増水で数百回も新婦の兄が結婚式に参加できない」「人々にわけ与えられるはずの食料を結婚式に使ったことを戒めるため、小人がマドゥライの食料やヴァイハイ川の水を飲み干した」など、マドゥライを象徴的に語る神話が伝えられる。

▲左　ガンジー記念博物館前の恐竜像。　▲右　旧市街と新市街をわけるヴァイハイ川

ガンジー記念博物館 Gandhi Memorial Museum ［★★☆］

20世紀、「非暴力」「不服従」の精神でインドを独立に導いたマハトマ・ガンジー。ガンジー記念博物館では、ガンジーにまつわる遺品や写真が見られ、ガンジーが暗殺されたときに着用していたという腰巻きの展示もある。ガンジーは弁護士として南アフリカで活動後、1915年にインドに帰国し、イギリス植民地下のインド各地をまわって運動を展開した。1921年のマドゥライではじめて腰布だけを身にまとった姿となり、その姿から「半裸のファキール（修道士）」と呼ばれた。ナーヤカ朝のラニマンガマル女王が建設した宮殿跡が

▲左　ガンジーはマドゥライを六度訪れた。　▲右　白亜のガンジー記念博物館、多くの人が訪れる

博物館に利用され、あたりは静かな住宅地となっている。

自ら糸をつむぐ

18〜20世紀初頭の植民地時代、インド産綿花がイギリスに輸出され、イギリスの工場でつくられた綿製品が輸入されたため、インド農村の産業が壊滅状態におちいった（イギリスの産業革命は、綿製品工業化の過程で起こった）。こうしたことから、ガンジーは自ら糸をつむいでイギリス製品をボイコットし、「スワデーシー（国産品を使うこと）こそ、スワラージ（自治）への道」と説いた。イギリスの工場でつくられた

【MEMO】

【地図】新市街

【地図】新市街の [★★☆]
- [ ] ガンジー記念博物館 Gandhi Memorial Museum
- [ ] ティルマライ・ナーヤカ宮殿 Thirumalai Nayak Palace
- [ ] マーリアンマン・テッパクラム Mariamman Teppakulam

【地図】新市街の [★☆☆]
- [ ] ヴァイハイ川 Vaigai River
- [ ] ラクシュミー・スンダラム・ホール Lakshmi Sundaram Hall
- [ ] ゴリパラヤム・モスク Goripalayam Mosque

INDIA
南インド

帽子や上着、シャツなどが積みあげて燃やされ、ガンジーは「手織りのものしか着ないこと」を実践した。また南アフリカ時代に多くのタミル人と接していたことからガンジーは南インドに親しみをもっていたという。

ラクシュミー・スンダラム・ホール
Lakshmi Sundaram Hall [★☆☆]

新市街に立つラクシュミー・スンダラム・ホール。踊りや音楽が演じられる芸術文化センターで、マドゥライはタミルナードゥ州南部の文化拠点になっている。

【MEMO】

INDIA
南インド

ゴリパラヤム・モスク Goripalayam Mosque [★☆☆]

14世紀にこの街を支配したマドゥライ・サルタナット朝にちなむゴリパラヤム・モスク。中世、マドゥライは北インドのイスラム勢力の占領を受け、1334年、トゥグルク朝のマドゥライ総督が独立して、イスラム王朝が樹立された。その第2代スルタンであるアラーウッディーン・ウダイジー（1339〜40年）の墓がゴリパラヤム・モスクのそばに残る。

Guide, Around Madurai
郊外城市案内

INDIA
南インド

マドゥライをとり囲むように点在する岩山
ドラヴィダの古い神ムルガンがまつられ
多くの巡礼者を集めている

アラガル・コーイル Alagar Temple ［★★☆］

マドゥライ市街から北東20kmに位置するアラガル・コーイル。アラガル・マライ（「アラガル神の丘」）という岩山の南麓にはミーナークシ女神の兄であるアラガル神をまつった寺院が残り、ヴィシュヌ神の化身として信仰されている。アラガル神は南インドでヒンドゥー教が成立する以前から信仰されていた古い神で、かつてはミーナークシ女神の夫だった。シヴァ神とミーナークシ女神が結婚すると、兄と考えられ、この地にまつられるようになった。寺院は高さ50mの門塔ゴープラを備えるドラヴィダ様式で、17世紀なかばに建てられた。

ムルガン寺院 Murugan Temple ［★★☆］

麓から2kmほどのぼったアラガル・マライの中腹に立つムルガン寺院。この丘は「果実の実る森(パラムディルソーライ)」と呼ばれ、古くからムルガン神の聖地として信仰を集めてきた(ムルガン神は、もともと山地民や狩猟採集民の信仰を集めた山や丘陵に棲む神だったが、南インドのヒンドゥー化とともにシヴァ神の子どもと見られるようになった)。こぢんまりとした祠堂が残り、ここからさらに上部には聖なる泉がわき、その水を浴びる人々の姿がある。

【地図】マドゥライ郊外

【地図】マドゥライ郊外の [★★★]
- [ ] ミーナークシ・スンダレーシュワラ寺院 Meenakshi Sundareswarar Temple

【地図】マドゥライ郊外の [★★☆]
- [ ] アラガル・コーイル Alagar Temple
- [ ] ムルガン寺院 Murugan Temple

【地図】マドゥライ郊外の [★☆☆]
- [ ] ペルマール・コーイル Perumal Temple
- [ ] ティルパランクンドラム Tiruparankundram
- [ ] マーリアンマン・テッパクラム Mariamman Teppakulam

マドゥライ郊外

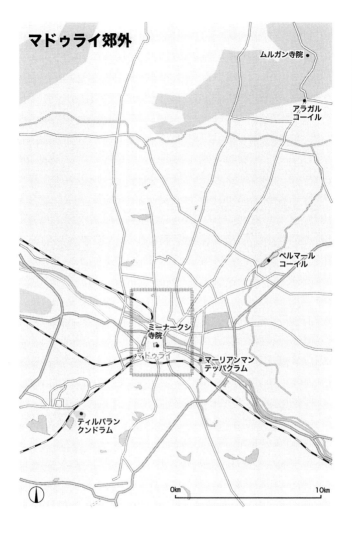

INDIA
南インド

ペルマール・コーイル Perumal Temple [★☆☆]

マドゥライから北東8kmに横たわるペルマール・コーイル(象が坐ったようなかたちをしていることから、「象の丘」を意味する)。古代チョーラ王がマドゥライを滅ぼすために魔術を使って象を派遣したが、マドゥライの守護神であるシヴァ神が矢を放ち、石に変えたという。2世紀ごろ、ジャイナ教徒がここで苦行していたと言われ、パッラヴァ朝時代の8世紀の石窟も残る。

▲左　熱心な信仰が見られるアラガル・コーイル。　▲右　マドゥライ南西の聖地ティルパラン・クンドラム

ティルパランクンドラム Tiruparankundram　[★☆☆]

ティルパランクンドラムはマドゥライ市街から南西8kmに位置する、お鉢をふせたようなかたちをした岩山。ドラヴィダのムルガン神をまつるスブラマニヤ寺院が残り、岩山を利用して伽藍が展開する。悪魔を退治したムルガン神が、インドラ神の娘デイヴァヤーナイと結婚式をあげた場所だとされ、南インドにあるムルガン神の聖地のひとつにあげられる。

▲左 山の中腹に位置するムルガン寺院。 ▲右 荒涼とした大地にそびえる象の丘

絹織物の伝統とサウラシュトラ

マドゥライはカーンチプラムやタンジャヴールとならんで絹織物が盛んな街として知られ、女性の着用するサリー、男性の腰巻きルンギーなどが生産されている。17世紀のティルマライ・ナーヤカ時代、グジャラートを故地とする織工職人サウラシュトラが移住し、王宮の周囲に居住地をあたえられたことで手織り産業が盛んになった（20世紀初頭には街の人口の3分の1が織物産業にたずさわっていたとも伝えられる）。サウラシュトラ語は古いグジャラート語に近かったが、現在ではほぼタミル話者と変わらないという。

城市の
うつり
かわり

INDIA
南インド

紀元前6世紀にさかのぼるというマドゥライの伝統
数々の王朝の都がおかれてきたこの街の中心には
いつの時代も女神をまつるミーナークシ寺院があった

古代パーンディヤ朝（紀元前6〜9世紀）

古く、マドゥライ一帯をおおう森のなかには黄金に輝く池があり、パーンディヤ王はその地に都を築いた。マドゥライを都においたパーンディヤ朝は、ティルチラパッリのチョーラ朝、ケーララのチェーラ朝とともに古代タミル文化の担い手となり、1〜3世紀にマドゥライの宮廷で詠まれたサンガム文学が残っている。この街には交易で訪れるローマ商人のための居留地もあり、ギリシャ人メガステネスは「パーンディアは、ヘラクレスの娘によって築かれた」と記している。このパーンディヤ朝は4、5世紀に仏教やジャイナ教を保護す

る王の統治を受けたのち、6世紀に再興し、ネードゥンジャダイヤン（在位765〜815年ごろ）の時代、都マドゥライを中心に繁栄をきわめていた。

チョーラ朝と後期パーンディヤ朝（10〜13世紀）

9世紀ごろからタンジャヴールを中心とするチョーラ朝の勢力が強くなり、920年、マドゥライもチョーラ朝の統治を受けるようになった。とくに11世紀のラージャラージャ1世と続くラージェンドラ1世の時代に、ガンジス河中流域や東南アジアにも遠征が行なわれた。チョーラ朝の臣下となって

INDIA
南インド

いたマドゥライのパーンディヤ朝はやがて独立し、1223年、チョーラ朝を倒してタミル地方一帯を支配した。この時代に造営された石窟が各地に点在し、マドゥライはミーナークシ寺院と王宮を中心とする計画都市であったと伝えられる。

イスラム政権とヴィジャヤナガル朝（14〜16世紀）
中世以降、北インドにイスラム勢力が侵入し、1206年、デリー・サルタナット朝が樹立された。南インドにもイスラム遠征軍が派遣され、1311年、マドゥライは陥落し、パーンディヤ朝は滅んだ（このとき街は破壊されてモスクが建てられ、

▲左　とても大きな荷物を頭に載せて運ぶ。　▲右　色とりどりの顔料、バザールにて

大量の戦利品がデリーに運ばれたという）。その後もイスラム勢力の統治が続いたが、1334年、トゥグルク朝のマドゥライ総督が独立し、マドゥライ・サルタナット朝が樹立された。一方、デカン高原に興ったヴィジャヤナガル朝が急速に拡大し、1370年、マドゥライを占領し、再び、この街はヒンドゥー王朝の統治を受けることになった。13世紀にはマルコ・ポーロが、14世紀にはイブン・バットゥータがマドゥライを訪れて記録を残している。

INDIA
南インド

ナーヤカ朝（16〜18世紀）

ナーヤカはデカンのヴィジャヤナガル朝から派遣されていた地方長官で、各地で軍役や徴税にあたっていたが、15世紀ごろから、独立した勢力となっていた（1565年、ヴィジャヤナガル朝がターリコータの戦いでイスラム勢力に敗れると独立があいついだ）。マドゥライでは1529年にヴィシュヴァナータ・ナーヤカが独立し、タミル地方南半分を領土とした。マドゥライ・ナーヤカ朝はティルマライ・ナーヤカ（在位1623〜59年）の時代に最高の繁栄を見せ、ミーナークシ寺院が増築され、マドゥライの現在の街区がかたちづくられた。

▲左　店で売られていた手工芸品、インド人の感性。　▲右　街角から見える巨大なゴープラ

ムガル帝国とイギリス（18〜20世紀）

北インドのムガル帝国は第6代アウラングゼーブ帝（在位1658〜1707年）の時代にデカン高原をおさえ、やがて1736年、マドゥライもムガル帝国の支配下に入った。この時代、ムガル帝国の地方領主やイギリスやフランスなどが南インドの覇権をかけて争い、1801年、マドゥライはイギリスに割譲された（イギリス東インド会社の拠点はチェンナイにあった）。イギリス統治下の1840年、マドゥライの城壁が撤去され、ティルマライ・ナーヤカ宮殿も大幅に縮小されて旧市街南東部にイギリス人居住区ができた。1875年には鉄道が開

INDIA
南インド

通し、またヴァイハイ川北岸の新市街の開発が進んだ。

現代（20世紀～）

パーンディヤ朝、ヴィジャヤナガル朝、ナーヤカ朝と王権は変遷したが、ミーナークシ寺院への信仰は連綿と受け継がれてきた。人、もの、金が集まる寺院都市としての性格は1947年のインド独立後も続き、マドゥライはドラヴィダ文化を今に伝える聖地となっている。またタミルナードゥ州のなかでチェンナイにつぐ都市規模をもち、この街を起点に道が放射状に伸び、インド南端のカニャークマリやラーメシュ

Madurai 城市のうつりかわり

▲左 熱帯の気候のなか、人、リキシャ、バイクが行き交う。 ▲右 南インドの精神的首都とも言えるマドゥライ

ワラムへの足がかりにもなっている。

参考文献

───────────────────────────────────

『インドの伝統的都市における都市構造の形成と居住空間の変容に関する研究』(柳沢究 / 京都大学学術情報リポジトリ)

『マドゥライ(インド)の都市空間構成に関する研究』(柳沢究・大辻絢子・布野修司 / 学術講演梗概集)

『世界歴史の旅南インド』(辛島昇 / 山川出版社)

『南インドの建築入門』(佐藤正彦 / 彰国社)

『ティルックラル』(ティルヴァッルヴァル・高橋孝信訳 / 平凡社)

『インドを知る事典』(山下博司・岡光信子 / 東京堂出版)

『世界大百科事典』(平凡社)

まちごとパブリッシングの旅行ガイド

Machigoto INDIA , Machigoto ASIA , Machigoto CHINA

【北インド - まちごとインド】

001 はじめての北インド
002 はじめてのデリー
003 オールド・デリー
004 ニュー・デリー
005 南デリー
012 アーグラ
013 ファテープル・シークリー
014 バラナシ
015 サールナート
022 カージュラホ
032 アムリトサル

【西インド - まちごとインド】

001 はじめてのラジャスタン
002 ジャイプル
003 ジョードプル
004 ジャイサルメール
005 ウダイプル
006 アジメール（プシュカル）
007 ビカネール
008 シェカワティ
011 はじめてのマハラシュトラ
012 ムンバイ
013 プネー
014 アウランガバード
015 エローラ
016 アジャンタ
021 はじめてのグジャラート
022 アーメダバード
023 ヴァドダラー（チャンパネール）
024 ブジ（カッチ地方）

【東インド - まちごとインド】

002 コルカタ
012 ブッダガヤ

【南インド - まちごとインド】

001 はじめてのタミルナードゥ
002 チェンナイ
003 カーンチプラム
004 マハーバリプラム
005 タンジャヴール
006 クンバコナムとカーヴェリー・デルタ
007 ティルチラパッリ
008 マドゥライ
009 ラーメシュワラム
010 カニャークマリ
021 はじめてのケーララ
022 ティルヴァナンタプラム
023 バックウォーター（コッラム～アラップーザ）
024 コーチ（コーチン）
025 トリシュール

【ネパール - まちごとアジア】

001 はじめてのカトマンズ
002 カトマンズ
003 スワヤンブナート

004 パタン
005 バクタプル
006 ポカラ
007 ルンビニ
008 チトワン国立公園

【バングラデシュ - まちごとアジア】

001 はじめてのバングラデシュ
002 ダッカ
003 バゲルハット（クルナ）
004 シュンドルボン
005 プティア
006 モハスタン（ボグラ）
007 パハルプール

【パキスタン - まちごとアジア】

002 フンザ
003 ギルギット（KKH）
004 ラホール
005 ハラッパ
006 ムルタン

【イラン - まちごとアジア】

001 はじめてのイラン
002 テヘラン
003 イスファハン
004 シーラーズ
005 ペルセポリス
006 パサルガダエ（ナグシェ・ロスタム）
007 ヤズド
008 チョガ・ザンビル（アフヴァーズ）
009 タブリーズ

010 アルダビール

【北京 - まちごとチャイナ】

001 はじめての北京
002 故宮（天安門広場）
003 胡同と旧皇城
004 天壇と旧崇文区
005 瑠璃廠と旧宣武区
006 王府井と市街東部
007 北京動物園と市街西部
008 頤和園と西山
009 盧溝橋と周口店
010 万里の長城と明十三陵

【天津 - まちごとチャイナ】

001 はじめての天津
002 天津市街
003 浜海新区と市街南部
004 薊県と清東陵

【上海 - まちごとチャイナ】

001 はじめての上海
002 浦東新区
003 外灘と南京東路
004 淮海路と市街西部
005 虹口と市街北部
006 上海郊外（龍華・七宝・松江・嘉定）
007 水郷地帯（朱家角・周荘・同里・甪直）

【河北省 - まちごとチャイナ】

001 はじめての河北省
002 石家荘
003 秦皇島
004 承徳
005 張家口
006 保定
007 邯鄲

【江蘇省 - まちごとチャイナ】

001 はじめての江蘇省
002 はじめての蘇州
003 蘇州旧城
004 蘇州郊外と開発区
005 無錫
006 揚州
007 鎮江
008 はじめての南京
009 南京旧城
010 南京紫金山と下関
011 雨花台と南京郊外・開発区
012 徐州

【浙江省 - まちごとチャイナ】

001 はじめての浙江省
002 はじめての杭州
003 西湖と山林杭州
004 杭州旧城と開発区
005 紹興
006 はじめての寧波
007 寧波旧城
008 寧波郊外と開発区
009 普陀山
010 天台山
011 温州

【福建省 - まちごとチャイナ】

001 はじめての福建省
002 はじめての福州
003 福州旧城
004 福州郊外と開発区
005 武夷山
006 泉州
007 廈門
008 客家土楼

【広東省 - まちごとチャイナ】

001 はじめての広東省
002 はじめての広州
003 広州古城
004 天河と広州郊外
005 深圳（深セン）
006 東莞
007 開平（江門）
008 韶関
009 はじめての潮汕
010 潮州
011 汕頭

【遼寧省 - まちごとチャイナ】

001 はじめての遼寧省
002 はじめての大連
003 大連市街
004 旅順
005 金州新区

006 はじめての瀋陽
007 瀋陽故宮と旧市街
008 瀋陽駅と市街地
009 北陵と瀋陽郊外
010 撫順

【重慶 - まちごとチャイナ】

001 はじめての重慶
002 重慶市街
003 三峡下り（重慶〜宜昌）
004 大足

【香港 - まちごとチャイナ】

001 はじめての香港
002 中環と香港島北岸
003 上環と香港島南岸
004 尖沙咀と九龍市街
005 九龍城と九龍郊外
006 新界
007 ランタオ島と島嶼部

【マカオ - まちごとチャイナ】

001 はじめてのマカオ
002 セナド広場とマカオ中心部
003 媽閣廟とマカオ半島南部
004 東望洋山とマカオ半島北部
005 新口岸とタイパ・コロアン

【Juo-Mujin（電子書籍のみ）】

Juo-Mujin 香港縦横無尽
Juo-Mujin 北京縦横無尽
Juo-Mujin 上海縦横無尽

【自力旅游中国 Tabisuru CHINA】

001 バスに揺られて「自力で長城」
002 バスに揺られて「自力で石家荘」
003 バスに揺られて「自力で承徳」
004 船に揺られて「自力で普陀山」
005 バスに揺られて「自力で天台山」
006 バスに揺られて「自力で秦皇島」
007 バスに揺られて「自力で張家口」
008 バスに揺られて「自力で邯鄲」
009 バスに揺られて「自力で保定」
010 バスに揺られて「自力で清東陵」
011 バスに揺られて「自力で潮州」
012 バスに揺られて「自力で汕頭」
013 バスに揺られて「自力で温州」

【車輪はつばさ】
南インドのアイラヴァテシュワラ寺院には建築本体に車輪がついていて寺院に乗った神さまが人びとの想いを運ぶと言います。

・本書はオンデマンド印刷で作成されています。
・本書の内容に関するご意見、お問い合わせは、発行元の
　まちごとパブリッシング info@machigotopub.com までお願いします。

まちごとインド
南インド008マドゥライ
〜神々の饗宴する「ドラヴィダの聖地」[モノクロノートブック版]

2017年11月14日　発行

著　者	「アジア城市（まち）案内」制作委員会
発行者	赤松　耕次
発行所	まちごとパブリッシング株式会社 〒181-0013　東京都三鷹市下連雀4-4-36 URL http://www.machigotopub.com/
発売元	株式会社デジタルパブリッシングサービス 〒162-0812　東京都新宿区西五軒町11-13 清水ビル3F
印刷・製本	株式会社デジタルパブリッシングサービス URL http://www.d-pub.co.jp/

MP039

ISBN978-4-86143-173-9 C0326　　　　Printed in Japan
本書の無断複製複写（コピー）は、著作権法上での例外を除き、禁じられています。